El sueño de

por Eva Gasteazoro
ilustrado por Eldon Doty

Harcourt

Orlando   Boston   Dallas   Chicago   San Diego

www.harcourtschool.com

Quiero una vaca...

y una butaca.

3

Quiero una gallina...

y una piscina.

Quiero una oveja...

y una reja.

Quiero, quiero… ¡una finca!

8